Walter-Uwe Weitbrecht

# Blüte der Blasen

Satirische und andere Verse
mit 70 Bleistiftzeichnungen

Bibliografische Information Der Deutschen Bibliothek
Die Deutsche Bibliothek
verzeichnet diese Publikation in
Der Deutschen Nationalbibliografie;
detaillierte bibliografische Daten
sind im Internet über
http://dnb.ddb.de abrufbar.



edition Wort
Blumenstraße 1
66636 Tholey - Hasborn

+49 (0)6853 86 13 66

www.edition-wort.de

verlag@edition-wort.de



Satz / Umschlag by edition Wort

Hergestellt in Deutschland

Gedruckt auf 90g-Qualitätspapier,
säure-, holz- und chlorfrei
und alterungsbeständig nach ISO 9706

Schrift: Atkins und Atkins Light

ISBN 978-3-936554-37-3

Walter-Uwe Weitbrecht

# Blüte der Blasen

Satirische und andere Verse
mit 70 Bleistiftzeichnungen

... 900 Jahre Gummersbach

# Inhaltsverzeichnis

# Vorwort

Die Verse dieses Buches sind über mehrere Jahre hinweg entstanden, beiläufig, ähnlich den spielerischen Zeichnungen, die manchmal beim Telefonieren entstehen. Manchmal entspringen sie der zufälligen Mischung aus einem plötzlichen Gedanken, einem aktuellen Thema oder einem Gefühl. Laut gelesen lassen sich Klang und Sprachrhythmus meist besser nachvollziehen. Natürlich ist nicht Alles perfekt. Wie alle publizierten Texte entstanden sie nicht ganz aus dem Leeren. Rahmenthemengeber waren das Fernsehen, Radiosendungen (vor allem Deutsche Welle, Deutschlandfunk und WDR), die Oberbergischen Zeitungen, das Wochenmagazin Der Spiegel und natürlich der Alltag. Insofern erheben die Verse nicht den Anspruch vergeistigte Kunst zu sein, die einem einsamen Gehirn entspringt, die dem Wort oder einem transzendentalen Geist verpflichtet ist. Dennoch muss darauf hingewiesen werden, dass Verse und Zeichnungen frei erfunden sind und der Bezug zu oder die Ähnlichkeit mit lebenden Personen rein zufällig ist. Es bleibt der freien Phantasie des Lesers überlassen Bezüge herzustellen.

# Sportstudio

Sieh dort in jenem Fenster
Sieht man wie Gespenster
Menschen mit den Beinen treten
Andere mit Hanteln beten

Einer wuchtet große Platten
Wieder einer wie die Ratten
Auf dem Laufband rennt
Als ob es an den Füßen brennt

Es riecht nach Schweiß und teils nach Rauch
Die Ökokost schwappt leicht im Bauch
Vitamine, vielleicht auch Pillen
Sollen Altersabbau killen

Wenn sich der Körper mal bewegt
Sich an den Gliedern etwas regt
Dann mit Maschine, wunderbar
So geil, so futuristisch gar

Wo bleibt mit Vater Jahn der Sport
An frischer Luft und grünem Ort,
mit Sonnenschein und auch mit Regen
mal warm, mal kalt sich dann bewegen?

Nun ja, klimatisiert ist's recht
Die Bewegung ist ja dennoch echt
Wenn draußen, dann auf breiten Gassen
Volksmarathon in möglichst großen Massen.

# Fernsehen

Heute gibt es einen Krimi
Aus Amerika mit Mimmi
Sie wird entführt und auch geschlagen
Dem Freund geht's mächtig an den Kragen

Es wird auch einer umgebracht
Er liegt zermanscht in einem Schacht
Es spritzt das Blut, der Kerl bleibt kalt
Karl Augusts Hand am Sessel krallt

Der Kommissar erschießt den Hund
So wird die grausige Geschichte rund
Der Böse ist tot, es siegt das Gute
Karl August träumt nur noch vom Blute

Nun soll es sanfter weiter gehen
Wir wollen eine Talk-Show sehen
Ein schrilles Weib befragt den Gast
Ein hübsches Kind mit Rock aus Bast

Sie fragt was ist mit Sex in ihrem Leben
Sie möcht' am liebsten alles geben
Ihr Freund jedoch ein Grobian
Fängt mitten drin zu schlagen an

Sie zeigt den blauen Fleck am Auge
Und meint dass der Kerl nichts tauge
Ganz Deutschland sieht mit großer Qual
Die Supershow: verkorkstes Schicksal

Karl August aber hat es jetzt satt
Er macht den Fernseher mit dem Hammer platt
Das Gerät war gedacht für schöne Stunden
Jetzt hat es seine Seel' geschunden

Schluss aus ade - es ist überwunden

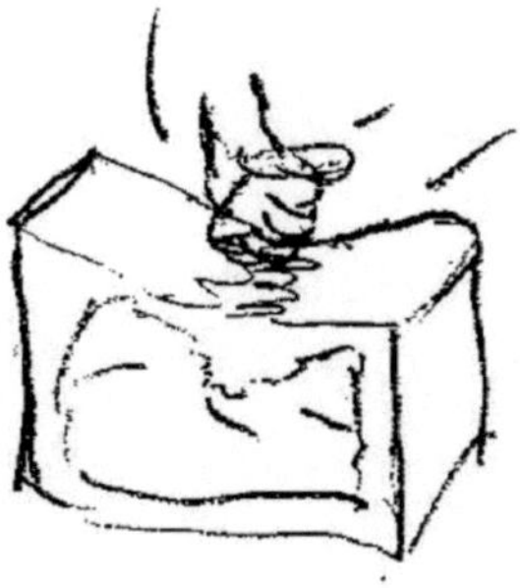

# Reformen im 21. Jahrhundert

Zur Politik ein Mensch gelangt
Der um sein Arbeitsschicksal bangt.
Er tut ganz wenig, redet viel
Erlernt das Intrigen-Ränkespiel

Er spricht so dann mit großen Worten
Von umfassender Ordnung aller Orten
Er wird gewählt, weil er verspricht,
im Dunkel wär dann immer Licht

bewirft man Andere mit Dreck
so geht der dunkle Fleck nicht weg
so kommt er dann und keiner lacht
schlussendlich an Regierungsmacht

hier dort bemerkt er dann habt acht
wer aktioniert hat noch mehr Macht
die soziale Lage kippt schon schwer
Reformen müssen izo her

Da er nichts weis und auch nichts kann
Er eine Grundsatzreform ersann
Die alle Kontrollen stark vermehrt
Und so das Arbeiten erschwert

Aus seiner Erfahrung kennt er gut
Den charakterlichen Wankelmut
Hier setzen die Kontrollen ein
Der Bürger ist doch auch ein Schwein

Er denkt, wenn ich nicht vernünftig bin
Und hab nur mich und Geld im Sinn
Sind alle Anderen ebenso
Reformen machen sie dann froh.

Arbeitsessen, Reisen, Reden
Hie und da ein Gruß an jeden
Seine Aktivität beeindruckt mächtig
Sieht aus wie Emils Kuh, denn sie war trächtig.

Befragt man den der betroffen ist
So sind die Antworten allgemein nur Mist
Eindeutig kann Sachverstand nur erlangen
Wer faktisch völlig unbefangen.

Das Gesetz ist fertig, er ist erfrischt,
Hat alle Kritiker weggewischt
Als ideologisch irrelevant
Seine Reform ist nicht hirnverbrannt.

Denn sachverständig waren
Die Herren mit grauen Haaren
Im Turm aus weißem Elfenbein
An Praxis seelisch völlig rein.

Ihr Gutachten besagt so ist es richtig
Sämtliche Kritik ist nichtig
Die Reformen sind ein Wunderwerk
Wer das nicht sieht, der ist ein Zwerg.

So steigen alle Bürgerlasten
Die meisten müssen noch mehr asten,
und wie zuvor schon längst gewohnt
hat die Politik sich selbst geschont.

# Kunstausstellung

Auf einer Freitagabend Vernissage
Professor Pictus spricht für gute Gage
Er lobt des Künstlers Werk, bespricht sein Leben
Er habe sein Innerstes ins Bild gegeben

wir sehn einen roten Fleck auf weißem Grund
ein Wunderwerk aus dunkler Seelenstund
die rote Einsamkeit in gleißend leerer Wüste
rot als Sexsymbol, wahrscheinlich eins der Brüste

In einer Nische vom Fenster links
Die Statue, eine moderne Sphinx
Ein formlos großer Block aus Stein
Abstract, gelungen, im Stil so rein.

Ein alter Stuhl, verdreckt mit Vogelmist
von wunderbarer Alltagssymbolik durchdrungen ist
und verkäuflich sind all die Werke auch
für Geld natürlich, nicht für Schall und Rauch

die Besucher bewundernd am Sektglas nippen
mal hie und da die Finger schnippen
das Werk erschließt sich einfachen Seelen nicht spontan
notwendig ist ein wenig Nibelungen Wahn

verstehen kann man diese Kunst
nur im akademischen Silbendunst
und dann, man darf es nicht verneinen,
werden Kenner sich vereinen.

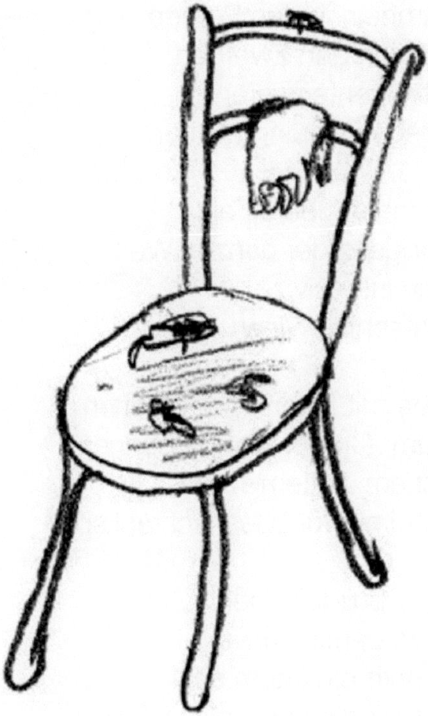

# Intelligenz durch Sport

Bewegung stimuliert das Hirn
Zu Intelligenzia hinter der Stirn.
Wenn das so ist, mach ich mir Sorgen
Müsste man nicht Einigen mehr Hirn borgen?

Die Radfahrer strampeln in den Bergen
Wohl mit Gehirnen von den Zwergen
Denn wenn sie intelligenter wären
Würden sie sich gegen Doping wehren

So wie Fußballer rennen übers Feld
Hätten sie die Intelligenz der ganzen Welt
Doch höre ich dann intensiv zu
Beim späteren Fernsehinterview

Denke ich was wäre mit Ihnen ohne Rennen
Würden sie nur dumpf in der Kneipe pennen?
Auch bei so manchem, flottem Tennisass
Reicht das Hirn wohl nur für Besenschrankspaß

Vielleicht bringt Bodybuilding mehr
Schließlich wird man damit Gouverneur
Doch auch das könnte ein Irrtum sein
Wo sieht man Politiker mit der Weisen Stein?

mehr Hirn

# Relativierte Jugend

Heute bin ich 86 Jahre alt
Hab alle meine Glieder noch in der Gewalt
Im Heim im Vergleich zu den Kameraden
Bin ich noch fit für viele Taten

Mit Stock kann ich noch vor die Türe gehen
Und ein wenig nach Blumen und Wetter sehen
Ich wasche mich selbst und ordne mein Bett
Deshalb ist das Personal zu mir nett

Die freundliche Dame von der Pforte
Schenkte mir eine Torte
Damit konnte ich einladen Gäste
Zu meinem Geburtstag, das war das Beste

Meine verbliebenen Freunde sind alle grau
Sie sehen und hören nicht mehr genau
Eingeladen habe ich auch zum Tee
Die Dame mit Augen so blau wie der Wolfgangsee

Darf ich Sie fragen wie alt sie sind
Siebzig Jahre sagt sie geschwind
Ach sind sie jung sag ich zu ihr,
was machen Sie denn schon hier

Ich bin so allein und hab keine Kinder
Mein Hausbesitzer war ein Schinder
So ist es für mich wesentlich besser hier
Teile mir das Zimmer mit der Frauen vier

Mit einer man so leidlich sprechen kann
Die andern sind durch Krankheiten schlechter dran
Ja reicht denn ihre Rente für all die Kosten
Ach nein die Sozialhilfe übernimmt einen Posten

Na ja, Hauptsache man ist am Leben
Und kann seinen Freunden ein Festchen geben
Esst Kuchen, stoßt an mit dem Tee
Dann tut die Seele nicht mehr weh.

# Jenseits

Die Erinnerung ist ziemlich dumpf
Ich hatte einen schlimmen Unfall
Der Holmen drückte an den Rumpf
Es gab einen schrecklichen Knall

Verdunkelt in einem Augenblick
Das grelle Licht der bunten Welt
Nichts nützt der Blick zurück
Kein Halt, das Bild verfällt

Als ich erwachte im düsteren Licht
Ein grauer Raum, ein grauer Mann
Ich sprach ihn an, er kennt mich nicht
Ich hatte einen Termin, doch wann?

Ich müsste los, ich sollte eilen
Wo fährt ein Bus, wo eine Bahn
Ruhig, - hier solltest du verweilen
Fährt keiner ab, man kommt nur an

# Der Narzisst

Ich bin hier der beste Mann
Keiner reicht an mich heran
Duckt euch weg ihr Flaschen
Ich könnte euch erhaschen

Ich bin ein kleiner Gott
Und werde auch nicht rot
Wenn ich dies von mir sage
Und so das Höchste wage

Mir ist nie etwas misslungen
Nur Lobeslieder sind erklungen
Was ich nicht ertragen kann
In meiner Näh ein besserer Mann

Wagt einer dies zu sein
Verfolg ich ihn mit Pein
Bis er duckt sich oder geht
Und die Konkurrenz verweht

Kritiker muss ich nicht ertragen
Sollte einer dies dennoch wagen
Dann hat er schlechte Karten
Muss nicht auf Rache warten

Ich überschütte ihn mit Gift
Das ihn tief im Herzen trifft
Er wird nie wieder wagen
Etwas Böses über mich zu sagen

Ich bin und bleib der Beste
Hab eine völlig weiße Weste
Und alle dies mir gönnen
Weil sie nicht anders können

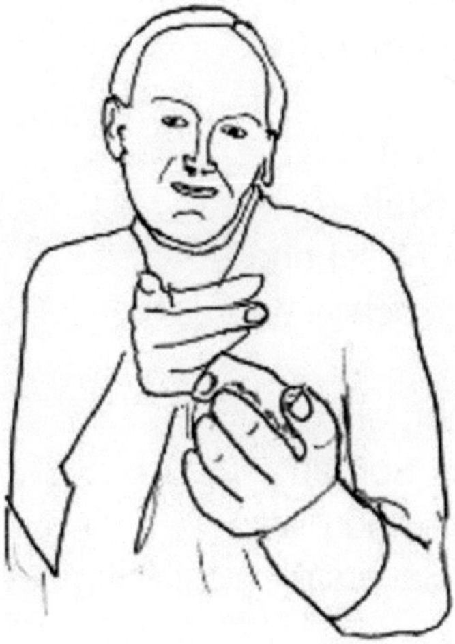

# Keine Willkür

Es drückt die Brust, die Luft geht aus
Vater Karl als Notfall im Krankenhaus
Nach Rauchen, Husten viele Jahre
Mit kaputter Lunge auf der Bahre

Mit Horchen, Röntgen stellt sich raus
Ohne Sauerstoff kommt er nicht aus
Was ist mit Rauchen jammert er
Das, sagt der Arzt, geht nicht mehr

Mit blauer Nase, Angst um Luft
Sieht Vater Karl sich in der Gruft
Doch dann, oh Wunder, mit Flaschengas
Geht's wieder besser, er isst schon was

Heim können Sie wieder morgen
Mit Sauerstoff, geht es ohne Sorgen
Der Medizinische Dienst, wir sind platt,
Beschließt dass, Vater Karl Sauerstoff nicht nötig hat

Am Schreibtisch abseits zu entscheiden
Ist leicht um Krankenkosten zu vermeiden
Widerspruch wird kühl und locker abgelehnt
Wozu denn unnutzes Leben noch gedehnt?

Zu Hause machen sich die Kinder Sorgen
Vater ich kann dir mein Gerät teils borgen
Dem Sohn mit Morbus Boeck genehmigt hat
Der Medizinische Dienst einen O2-Apparat

So liegen sie denn glücklich angeleint
Im Bett am Nasenschlauch vereint
Um in Gemeinschaft zu überleben
Muss man wirklich alles geben

# Landregen

Am ersten Tag, es regnet anhaltend in Strömen
Die Natur erwartet das Nass
An das Klopfen der Tropfen ans Fenster kann man sich gewöhnen
Langsam füllt sich das Regenfass

Am zweiten Tag, es regnet anhaltend in Strömen
Rasen, Bäume und Sträucher werden grün
An das Klopfen der Tropfen ans Fenster kann man sich gewöhnen
Einige der Pflanzen beginnen zu blüh'n

Am dritten Tag, es regnet anhaltend in Strömen
Die Straße vor dem Haus wird fast zum Fluss
An das Klopfen der Tropfen ans Fenster kann man sich gewöhnen
Überall Schlamm und Pfützen, kein trockener Fuß

Am vierten Tag, es regnet anhaltend in Strömen
Weiter dunkle Wolken, es wird kaum noch hell
An das Klopfen der Tropfen ans Fenster kann man sich gewöhnen
Auch der Hund will nicht mehr hinaus und schüttelt das Fell

Am fünften Tag, es regnet anhaltend in Strömen
Mit Wasser voll gelaufen sind schon einige Keller
An das Klopfen der Tropfen ans Fenster kann man sich gewöhnen
Die Flüsse schwellen, es wird noch nicht heller

Am sechsten Tag, es regnet anhaltend in Strömen
Ich glaube eine Katastrophe bahnt sich an
An das Klopfen der Tropfen ans Fenster kann man sich gewöhnen
Der Nachbar ist schon krank, bald bin ich auch dran

Am siebten Tag, am Morgen klart es plötzlich auf
Vögel zwitschern, kaum noch Wolken im Wind
Strahlend die Sonne am blauen Himmel geht auf
Herrliches Wetter, ich freu mich wie ein Kind.

# Delirium

Ein ganz normaler Tag
Die Sonne brennt herab
Wer hinter mir sein mag
In ständig leichtem Trab

Mit raschem kurzem Blick
Erkenne drohenden Spion
Zehn Schritte wohl zurück
Grinsend in leichtem Hohn

In den Balken, in den Wänden
Abhörmikrophone hundertfach
Vom Schrank greift mit Händen
Ein grünes Gespenst mir nach

Nähert sich ein Sirren schnelle
Blick zurück mit raschem Rucken
Im Tiefflug eine Riesenlibelle
Muss mich bis zum Boden ducken

Dort aber zischt schon eine Schlange
Und vom Stuhl springt ein Skorpion
Allmählich wir mir wirklich bange
Vor mir wartet ein Drache schon

Pfeifend fährt ein Zug von dannen
Ein Laster schüttet Quallen ab
Krebse krabbeln aus den Kannen
Ich falle tief ins offene Grab

Nach langem Sturz, wohl über Stunden
Erwach ich erschöpft im Krankenbett
Der Alptraum scheint jetzt überwunden
Die Krankenschwester ist ganz nett

# Gute Freunde

Mich freut des Freundes freundlich Gesicht
Die mich lobend umschmeichelnden Worte
Wie gut dass ich dann kann hören nicht
Seine Einlassung dort vor meiner Pforte

Den Spott der meine Schwächen entblößt
Der Freunde hämisch gellend Gelächter
Dämmende Wand mich vom Ärger erlöst
Vom Wissen um die bösen Verächter

Ahnen kann ich wenn Gespräche verstummen
Beim Betreten des noch lachenden  Raumes
Dass soeben Spott und Häme dort verklungen
Achtung und  Respekt nur Teil eines Traumes

# Minderheitenschutz

Warum gönnen Sie mir denn das Rauchen nicht?
Ich entfalte meine Persönlichkeit, das ist meine Sicht
Aufgrund der Verfassung steht mir das zu
Wenn es Ihnen nicht passt, so gehen Sie im Nu

Wenn die Mehrheit nicht raucht, was kann ich denn dafür
Mir tut es gut, wenn es nicht so wär hätt' ich's im Gespür
Warum regen Sie sich auf wenn ich aus dem Fenster werf die Kippe
Was ist denn dabei, wenn ich sie in der Toilette oder am Strand ausstippe

Mich stören nicht der Rauch, der Kleidergestank oder gar der Dreck
Wenn ich Lust hab, schmeiß ich auch die Schachtel auf der Straße weg
Ich kann nicht verstehen warum die Mehrheit dagegen etwas hat
Mir macht es Freude und gern geh ich früher auch ins Grab

Die Mehrheit hat sich nach der Minderheit zurichten
Der Minderheitenschutz im Grundgesetz ist so zu wichten
Hat Gott denn bestimmt was Familie bedeuten soll
Die gleichgeschlechtliche Gemeinschaft erfüllt dies Bild doch voll

Also muss sie auch die gleichen Rechte haben
Die altertümliche Art der Ehe gehört begraben
Das Argument dies würde des Volkes Bestand gefährden
Ist unter Berücksichtigung des Minderheitenschutzes anders zu bewerten

Sei einfach anders, zum Beispiel Menschenfresser
Dann fühlst du dich immer sehr viel besser
Sind Sie etwa noch völlig normal?
Dann ab mit Ihnen an den Marterpfahl

Jeder hat die Möglichkeit eine Minderheit zu werden
Als Model, beim Casting oder als Zwerg mit langen Bärten
Dann kann er für sein Recht auf freie Entfaltung klagen
Gemeinschaftsaufgaben werden zu Grabe getragen

# Gesellschaftsball

Alljährlich der Bürger in forschem Schritt
Aufgeputzt beim Gesellschaftsball auftritt
Sie grüßen hie und da mit nettem Lächeln
Während sie sich kühle Luft zufächeln

Zähnezeigend froh gegrüßt wird der Feind
Die Frage ist's ironisch oder nett gemeint
Freunde werden umarmt und auch geküsst
Außenseiter werden gar nicht gegrüßt

An den Tischen versinkt man in Konversation
Die Nachbarn, die Kinder ach wussten Sie schon
Die Kapelle spielt laut möglichst bekannte Lieder
Meist können sie eh nicht Tanzen, höchstens Schieber

Eine Blonde wird umhüpft von einem fetten Kerl im Frack
Schweißtriefend müht er sich, wenn auch nicht im Takt
Ein schmächtiges Pärchen schiebt aneinander gedrückt
Über die Tanzfläche, glasige Blicke völlig entrückt

Die Kapelle hat Rhythmus und Lautstärke angehoben
Über die Tische werden Gläser mit Bier und Wein geschoben
Chronische Nichttänzer gelangweilt auf den Stühlen lehnen
Es ist jetzt zu laut für Gespräche, ihnen bleibt nur Gähnen

Schließlich wird das Buffet eröffnet, große Silberplatten
Dort wird aufgeladen, als ob sie noch nie zu essen hatten
In erster Linie Krabben, Kaviar, Lachs und Braten
Zurück bleiben Salate, Gemüse und andere Zutaten

Allenfalls süßer Nachtisch findet Zuwendung gnädig
Schließlich wird auch noch der Präside mit Reden tätig
Alle sind sich einig es war ein wunderschönes Fest
Auf dem sich Harmonie und Frohsinn erkennen lässt

# Die grauen Tierchen

Auf der Fensterbank im Schatten
Bewegt sich etwas oder nicht
Wenn wir's im Blick nicht hatten
Huscht es im matten Abendlicht

Die Form ist ungenau und grau
Und gewiss auch ziemlich klein
Kaum ich dann den Augen trau
Es müssen Tausende wohl sein

An den Wänden und am Boden
Rennt, wuselt es ganz ekelhaft
In Schränken, Taschen, Loden
Tierchen, sieh doch eines pafft

Eines dann mit  viel Gelächter
Höhnisch in die Tasse springt
Ein Anderes kein Kostverächter
Aus der Suppenschüssel winkt

Im Schrank die Festtagskleider
Erscheinen nun in grauem Wogen
Auf den Fenstern geht es weiter
Wie Vorhänge die zugezogen

Entsetzen packt mich tief im Innern
Das ganze Haus erscheint belebt
Das Weitere mag ich kaum erinnern
Krabbeln auf dem Körper, wie gewebt

Die Tür geht auf, herein kommt Justus
Ich winke ängstlich, geh doch hinaus
Blickt ungläubig, denn mit dem Luftzug
Weg sind die Tierchen mit allem Graus

# Tausend Herzen

(Schlager)

Tausend Flammen versprühen
Tausend Herzen verglühen
Tausend Blumen verblühen
Doch du weichst von mir nicht
Du meiner Seele ewig Licht

Wenn alle von mir weichen
Wie Wind von dannen streichen
Im fernen Dunst verbleichen
Du bleibst mir immer nah
Wie ich dich damals sah

Wenn tief die Wale tauchen
Raketen im All verfauchen
Wolken fern verrauchen
Werden du und deine Rosen
In meinem Herzen tosen

Wenn Menschen singend lachten
Mit diesen Liedern schmachten
Sich dann respektvoll achten
Schafft unserer Herzen Glut
Der Menschheit Zukunft Mut

Mit leichtem zartem Spott
Lass uns singen diesen Plot
Auch werden wir nicht rot
Wenn unsere Herzen schmachten
Mit Schmalz den wir verachten

# Umweltbewusstsein

Wenn uns tief ein Gefühl durchdringt
Die Natur in Wäldern, Wiesen singt
Der Kuckuck uns mit Spott zuruft
In Gefühl und Handeln ist eine Kluft
Ihr liebt das Leben, eure Welt
Die ihr mit eurem Dreck vergällt
Erdrückt, verbrennt, der Atem stockt
Derweil ihr in der Bude hockt
Lamentiert über eure dumme Tat
Sucht quälend in der Natur den Rat
Wie der Untergang zu bremsen sei
Doch im Alltag ist's euch einerlei
Für den Vorteil jetzt in dieser Stunde
Dreht ihr am Rad die nächste Runde
Und mit ein bisschen Augenwischen
Aus Mehr wird Weniger, lasst's
in die Atmosphäre zischen
da wir dies später nicht erleben
können wir heute alles geben
das ist der Dummen Tagesmotto
das Weitere ist das Lebens-Lotto

# Ein schönes Fest

Geladene Freunde zum Sommerfeste
Freude und Last in Einem zu gleich
Wenn möglich für die Gäste das Beste
Getränke und Speisen möglichst reich

Während der nachmittäglichen Stunden
Agathe wirbelt in der schwülen Küche
Franz ist wohl im Keller verschwunden
Eine Flasche geht ihm dort in die Brüche

Versunken wegen der kommenden Feier
War der Griff in die Weinkiste ungenau
Denn die Gedanken kreisten wie Geier
Um die vollen Formen einer anderen Frau

Dies ist Rosi, die zum Fest einschwebt
Geschmückt, gefärbt und hoch gerötet
Zu ihr mit forschem Schritte strebt
Der Franz, den sie mit Blicken tötet

Dem Friedel gelten all ihre Gedanken
Ihn trifft ihr voller Herzensschwarm
Der an der Theke steht in leichtem Schwanken
Die dralle Christa umschlungen im Arm

Ein Stich durchdringt das verletzte Herz
Hass wallt auf und vernebelt das Hirn
Häme über Christa verdeckt den Schmerz
Himmelnd zu Friedel hebt sie die Stirn

Dieser vernebelt von Wodka und Wein
Engelsgleich wirkt ihm jene Erscheinung
Lässt Christa verwelkte Blume nun sein
Verändert abrupt des Herzens Meinung

Oh, Oh, süße, knusprige, holde Blonde
Erfrische, erhitze meinen ertrinkenden Leib
Wie ich dich bisher übersehen konnte
Du wunderschönes, rassiges Weib

In diesem Moment hob Christa die Kanne
Und traf ihn unvermittelt direkt am Kopf
Er kippte zu Boden wie die gefällte Tanne
Ein Eifersuchtsopfer, der arme Tropf

Dann auch Rosi sinkt erblassend nieder
Erschüttert durch die rohe Gewalt
Findet sich in Franzens Armen wieder
Er gibt ihr jetzt Wärme und Halt

Friedel dann traumatisch nüchtern
Ergreift Agathes gestreckten Arm
Küsst sie dann gar nicht schüchtern
Ihr wird plötzlich ziemlich warm

Auch Franz küsst Rosi heimlich
Zart hauchend hinterm rechten Ohr
Agathe fragt seid ihr nicht hungrig
Oh doch rufen alle jetzt im Chor

Zur geeinten Gruppe stoßen hinzu
Olaf, Trude sowie noch andere Gäste
Lachen und Plaudern erwächst im Nu
In Kürze am Buffet nur wenige Reste

Verraucht, vergessen der kleine Streit
Bei Reden, Essen, Trinken und Prassen
Dann um Mitternacht ist es so weit
Die Gäste Agathe und Franz verlassen

# Ein tiefgründiges Gedicht

wirre Wörter quollen
aus dem Mund geschwollen

Ah, Oh
Ja, so
Hie und da
Nein hienieden
Noch ein ah
Wörter schmieden

Liebe
Laben
Leben
Lust

Diebe
Gaben
Geben
Frust

Tief im Sinn
Alles hin
Alles weg
Alles Dreck

Nach diesem Wortgestammel
Schlacht ich einen Hammel
Als Opfer an den Gott der Dichter
Odins Edda nordische Gelichter

# Der Wecker

Ich hatte einen wunderschönen Traum
Lag bei Sonnenschein unter dem Apfelbaum
Die Vögel zwitscherten, die Luft war kühl
Den Körper durchflutete ein gutes Gefühl

Da plötzlich ein Geräusch, ich kann es nicht orten
Ein schrilles Läuten, unangenehm mit anderen Worten
Weg waren Vögel und Baum
Wo ich jetzt war wusste ich kaum.

Die Glieder so schwer, es war noch dunkel
Kein sichtbarer Himmel, kein Sternengefunkel
Das Geräusch kam direkt vom Tisch am Bett
Der Wecker, nein dort auf dem Bücherbrett

Mit wildem Gefuchtel, das Geräusch erschlagen
Jetzt ging's auch dem Bücherregal an den Kragen
Nun war ich wach und alles am Boden lag
Begonnen hatte ein neuer Arbeitstag

# Vergessen

Ich bin vergesslicher geworden
Werde immer ermahnt
Alltagsdinge mich überfordern
Manches habe ich geahnt
Aber wieder nicht gewusst
Wo die Schlüssel liegen
Nicht immer ist mir bewusst
Ob die Kinder fliegen
Immer wieder die Frage
Ob ich wisse noch
Monat und Datum der Tage
Ich weiß es doch
Es ist der Tag nachdem
Die Katze mich erschreckte
Und ich ziemlich unbequem
Im Bette mich aufdeckte
Und eine Frau an der Decke
Merkwürdig verdrahtet
Rief aus der linken Ecke
Sie sei mit mir verheiratet
Sie hatte andere Augen
War mir nicht bekannt
Man kann ja nichts mehr glauben
Ich hatte mich verrannt
Das Klo war jetzt die Küche
Die Wohnung ganz verdreht
Ganz merkwürdige Gerüche
Ein Topf auf der Platte steht
Da kochen meine Socken

Es sei jetzt nachts um drei
Ich soll mich niederhocken
Bald sei es hier vorbei
Ich möchte jetzt verreisen
Der Koffer ist gepackt
Im Kühlschrank sind noch Speisen
Jetzt wird es ganz vertrackt
Eine Friseuse mit weißem Kittel
Führt mich zu einem Bett
Auf dem Schild ein Doktortitel
Sonst wär' sie ja ganz nett

# Scheinheiligkeit

Wir sind friedlich
Wir sind niedlich
Lieben die Menschen alle
In jedem Falle

Wir würden nie jemanden bekriegen
Außer bei Intrigen
Nie verlässt ein böses Wort die Lippen
Wir würden nur auf etwas Gutes tippen

Roland ist dabei seine Frau zu betrügen
Wir besprechen das offen, würden niemals lügen
Tatsachen kann schließlich jeder wissen
Auch sollte doch keiner Neues vermissen

Ich glaube Meier's Sohn hat im Laden geklaut
Frieder hat's gehört, Uschi hat's geschaut
Was ist das für ein Flegel, man sollte ihn bestrafen
Ins Arbeitslager, weg, zum Schutze all der Braven

Unser neues Motorrad haben wir gefunden
Es lag am Strand vor wenigen Stunden
Es wurde im Container angeschwemmt
Wir haben es gerettet, ganz ungehemmt

Was ist denn dabei, wer könnte uns denn schelten
Was angeschwemmt wird muss als Allgemeingut gelten
Wir würden nie etwas nehmen, was anderen gehört
Wenn jemand so was tut sind wir ganz empört

# Sommerhitze

Die Sonne schien herabzuschreien
Die Luft flirrte mit 42 Grad im Schatten
Bewegen war kaum möglich im Freien
Ein Espresso mit Wasser war alles was sie hatten

Sie saßen in einer heruntergekommenen Bar
Und schauten trübe auf ihre Tassen
Sie fuhr mit der Hand durch das blonde Haar
Und sagte: du willst mich verlassen

Mich, die Einzige die je liebte dich,
trotz deiner Sucht nach Alkohol und Drogen
Deinem Charakter, so selbstzerstörerisch
Im Tun und Denken so völlig verbogen

Du willst zurück zu deinen Kameraden
Zu Suff und falscher Kumpanei
Dabei hatten sie dich doch verraten
Ist dir die Knastzeit einerlei

Sie blickte ihn an mit tiefem Schmerz
Mit Tränen in den grauen Augen
Durchsichtig die Haut und pochend das Herz
Schien sie bei ihm nach Regung zu saugen

Er sah sie an mit verwundertem Blick
Von Drogen versteinert die Seele
Er sagte, es sei so, er müsse zurück
Da ihm die Kameradschaft fehle

Abrupt stand sie auf, der Zorn wallte hoch,
Sie wandte sich ab, rannte grußlos von dannen
In diesem Moment, wie ein Funke noch,
kam ihm der Schmerz und die Tränen rannen.

# Hallo Dieter (Rap)

Hallo Dieter
Du bist Mieter
Dann und wann
Bist du dran
Wenn ich koche
Diese Woche
Musst du kehren
Eimer leeren
Alter Hase
Kehr die Straße
Kehre quer
Übern Teer
Übern Teer
Kehre quer

Willst du Kochen
All die Wochen
Und dem Kehren
Dich verwehren
Ist das arg
Du bist stark
Sieh doch ach
Ich bin schwach
Kehr die Straße
Krieg ne Blase
Kehr verquer
Übern Teer
Übern Teer
Kehr ich verquer

Hallo Dieter
Mein Gebieter
Tu jeden Tag
Was ich dir sag
Denn du liebst mich
Wenn du gibst dich
Stark im Verkehr
Sei nicht verquer
Mit Bier im Glase
Kehr die Straße
Kehre quer
Übern Teer
Übern Teer
Kehre quer

Bist du müde
Sei nicht prüde
Alter Bär
Querverkehr
Wird dich erlösen
Von dem Dösen
Sei so nett
Beweg dein Fett
Erlöst vom Ganzen
Kannst du tanzen
Tanze quer
Übern Teer
Übern Teer
Tanze quer

# Totentrompeten

Das Klima ist gut für Totentrompeten
Der Bovist sprengt sich in die Luft
Der Stinkmorcheln Duft betreten
Erinnert an die kühle Ahnengruft

Die Trompeten am Friedhof erklingen
Der Shahid sich im Äther versprengt
Sieben Jungfrauen im Himmel singen
Verworrener Geist, von Verblendung gelenkt

Eine Menschengruppe er mit sich reißt
Gesichtslos verbleibt er im Schauer
Verloren der Blick, der Erlösung verheißt
Verblieben nur Schmerzen und Trauer

# Motivation

Lieber wollte ich spielen, träumen
Am Himmel nach den Vögeln schauen
Die Pferde vor den Wagen zäumen
Metallbaukastenspiele bizarr aufbauen

Doch am Samstag muss ich wandern
Die Unlust lässt mich langsam gehen
Längst nicht so fröhlich wie die Andern
Der Vater blickt sich um, bleibt stehen

Warum schleichst du so daher
Siehst du nicht die Schönheit der Natur
Die Füße sind so schrecklich schwer
Ich gehe auf der Schneckenspur

In der Waldeslichtung, lass mich raten
mit offenem Feuer dort am Bach
wollen wir die Würstchen braten
werde doch nicht vorher schwach

Wie mit der frechen Elster angeflogen
Die Lebenskräfte blähn sich auf
Geschwind die Füße gehn im Bogen
Den Weg, die Waldeskuppe dort hinauf

Es ist so spannend anzuschauen
Wie die Glut das Holz verzehrt
Im Bach mit Steinen Dämme bauen
Nichts Anderes das Herz beschwert

So wird nun doch ein Abenteuer
Was zunächst erschien so dumm
Die Freude macht die Seele freier
Es geht die Zeit im Fluge um

# Gallwespenzeit

Mit Sex hat die Kopflaus kein Problem
Sie vermehrt sich selbst, ganz bequem
Fakultativ auch ohne Mannes Samen
So entstehen nur blutlüsterne Damen

Noch besser haben es die Gallwespen
Sie kennen weder Schwule noch Lesben
Sind geschlechtslos, wenn ich richtig lese,
vermehren sie sich durch Parthenogenese

so gibt es bei ihnen nicht die Sorgen
wie Psyche im falschen Körper geborgen
Oder dass man ähnlich wie Schafe
Auch mit verdrehtem Sexobjekt schlafe

Auch Vergewaltigungen gibt es nie
Und unbekannt wäre gar Pädophilie
Wenn die genetische Forschung ist soweit
Kommt für die Menschheit die Gallwespenzeit

# Neuer Wind

Ein jeder möchte bei seinem Tun
Unermüdlich ohne auszuruh'n
Ein wenig Anerkennung gewinnen
Das bisschen Lob hilft außen und innen

Wir haben uns immer zusammen gerissen
Und diesen Laden hier geschmissen
Gearbeitet von morgens bis in die Nacht
Oft hatte es dennoch Spaß gemacht

Wir haben viel an Erfahrung gesammelt
Selten während der Arbeitszeit gegammelt
Jetzt sind wir etwas älter und reifer
Die Arbeit fließt mit gleichmäßigem Eifer

Die neuen Manager mit frischem Wind
Sind dennoch unzufrieden mit dem Gesind
Ihr könntet wesentlich effektiver sein
Eure Arbeit ist Mist, das ist der reine Wein

Ein wenig geschwinder und deutlich mehr
Organisiert euch besser, das ist nicht schwer
Man kann mehr als das Doppelte an Arbeit erbringen
Wenn man nicht sich beschäftigt mit unnötigen Dingen

Abgezogen von der Arbeitszeit wird Toilettengang und Naseputzen
Es ist doch völlig klar, das ist nicht von Nutzen
Wer das nicht will, der kann ja gehen
Neue Geister werden sich schneller drehen

Für eure Mängel und Fehler seid ihr blind
Ein bisschen Kritik und schon weniger geschwind
Wenn ihr das nicht ertragen könnt
Habt ihr den Lauf der Zeit verpennt

Ab in die Kiste
Ab zu dem Schrott
Weg auf die Miste
Ihr lebt, dann dankt Gott

# Philosoph

Die Philosophie uns helfen kann
Leben und Moral zu verstehen
Die Handlungskonsequenz wäre dann
Wir lassen uns nicht mehr gehen
Wahre Philosophie leuchtet ein wie ein Blitz
Lässt uns ganz plötzlich erkennen
So wie die Pointen im guten Witz
Den Kern der Probleme benennen

Die Begrenzung unserer Zeit im Leben
Weitsicht für Handlungsfolgen darüber hinaus
Führt zur Notwendigkeit Leitlinien zu geben
Zur Begrenzung des egoistischen Saus und Braus
Damit unsere Kinder und deren Nachkommen
Eine Chance haben in dieser Welt
Sollten wir nicht allen Wünschen frommen
Die machbar sind für all unser Geld

Nicht immer jedoch ist ein komplexes Problem
Zu erklären mit einfachen Worten
So dass eine Analyse auch mit System
Nicht verstanden wird aller Orten
Dies machen sich manche Geister zu Nutzen
Sie versuchen mit vagen Phrasen
Ihren Mangel an Erkenntnis aufzuputzen
Um sich dabei selbst aufzublasen

In der so flüchtigen Mediengesellschaft
Nimmt man bescheidene Geister nicht wahr
Wer Auftritte öffentlichkeitswirksam schafft
Wird zum Liebling der Journalistenschar

Der erscheint dann als wahrer Philosoph
Der nicht mit einfachen Worten spricht
Sondern in seiner Haltung hypertroph
Worte reiht, dass man versteht sie nicht

Die dogmatische Linke ontologisiert ihre marxistischen Spiele
Der Hiatus zwischen Angebot und Nachfrage ist radikal
Leute mit utopischer Demokratiedimension gibt es viele
Dialektik aus Lachmitteln und Lachverhältnissenn ...
... ist Subversion in jedem Fall
So klingt es richtig
Absolut wichtig.
Welch geistige Größe
Gibt sich die Blöße?

# Kein Kind der Liebe

Wer meine Eltern sind möchte ich wissen
Wo komm ich her
Ich musste die Wärme der Mutter vermissen
Das fällt mir schwer

Wer sind meine Geschwister in diesem Heim
Sie sind so gleich
Bei den Spielen fällt ihnen nichts anderes ein
Am Blumenteich

Die Kinder auf der Straße sind so bunt
Wie interessant
Sie geben Streitigkeiten ihrer Familien kund
Ich bin gespannt

Wer meine Eltern sind möchte ich wissen
Wer kann es mir sagen
Ich würde gern Vater und Mutter küssen
Ich kann's nicht ertragen

Die Herkunft ganz einfach sei die Retorte
Sagt unser Lehrer
Er weis nicht genau an welchem Orte
Es wird noch schwerer

Wo meine Mutter denn immer bliebe
Ich hab dich geschont
Du bist kein Kind der menschlichen Liebe
Du bist geklont

# Geblendet

Hallo Süßer, hast du Zeit
Eine Blonde berührt seinen Arm
Der Blick sagt zu allem bereit
Es kribbelt am Rücken warm
Wenn du willst komm mit
Es wird sicher sehr nett
Ich bin in Allem fit
Was du willst im Bett
Wir gehen zuerst essen
Bis das Zimmer ist frei
Dann kannst auch ermessen
Ob ich richtig für dich sei
Beim Chinesen geht es flink
Sie streichelt ihm das Bein
Nun komm schon iss und trink
Sie gibt ihm das Glas Wein
Nun ist es aber Zeit
Du solltest jetzt bezahlen
Das Zimmer ist bereit
Sicher wirst du strahlen
Gib mir schnell noch von den Scheinen
Damit ich das Zimmer zahlen kann
Bis ich mit der Wirtin bin im Reinen
Warte auf mein Zeichen und dann
Wirst du sehen wie toll es ist
Sie verschwindet im Flur ums Eck
Ihm wird klar es war eine List
Mit den Scheinen ist sie weg

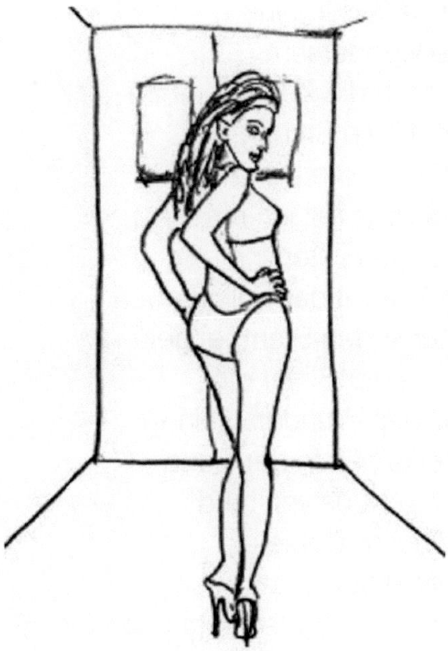

# Künstlerischer Hintersinn

Abstrakte Bilder mit nur der Farben Kraft
Ein Maler zu Hunderten erschafft
Menschen kommen, Menschen gehen
Und wollen seine Bilder sehen
So viele Werke wundersam
Woher der Mensch die Zeit nur nahm
Der Künstler reckt die Stirne
Und preist sich wie eine Dirne
Liebe Leute seht wie toll ich bin
Meine Bilder haben Hintersinn
Zum Ausdruck kommt das volle Leben
Dies soll der Kunst den Stempel geben
Und kauft ihr eins der Bilder ein
Sollt ihr ein Teil des Wunders sein
Wer solche Werke hält in der Hand
Zeigt den wahren Kunstverstand
Und wird auf diesem Gebiete
Teil einer auserwählten Elite
Mit Schund haben die Bilder nichts gemein
Drum kann der Preis nicht niedrig sein.

Ein Designer entwirft eine Kollektion von Kleidern
Und lässt sie von emsigen Näherinnen schneidern
Menschen kommen, Menschen gehen
Und wollen seine Modeschauen sehen
So viele Entwürfe wundersam
Woher der Mensch die Zeit nur nahm
Der Designer reckt die Stirne
Und preist sich wie eine Dirne

Liebe Leute seht wie toll ich bin
Meine Kleider haben Hintersinn
Zum Ausdruck kommt das volle Leben
Dies soll den Entwürfen den Stempel geben
Zarte Stoffe fließen in bunte Röcke mit Zipfeln
Die in einer Betonung natürlicher Formen gipfeln
Und ihre Schönheit zu Geltung bringen
Sie gar mit zarter Lust umschwingen
Niemand kann Sie mehr übertreffen auf diesem Gebiete
Wer meine Kleider trägt gehört zur absoluten Elite
Mit Kleidern von der Stange haben sie nichts gemein
Drum kann der Preis nicht niedrig sein.

Verwobener Mix von Materialien, bizarre Gebäude
Entworfen vom Stararchitekt für morgen, nicht für heute
Menschen kommen, Menschen gehen
Und wollen seine Bauwerke sehen
So viele Entwürfe wundersam
Woher der Mensch die Zeit nur nahm
Der Architekt reckt die Stirne
Und preist sich wie eine Dirne
Liebe Leute seht wie toll ich bin
Meine Architektur hat Hintersinn
Zum Ausdruck kommt eine Philosophie für's Leben
Dies soll den Entwürfen die besondere Bedeutung geben
Das Licht, die Farben, die Raumarchitektur
Bestimmen der Gebäude Funktion und Struktur
Der Raum strahlt auf die Menschen zurück
Und gibt ihnen ein Gefühl von tiefem Glück

Erfühlen sie was ich Ihnen durch diese Gestaltung biete
Wer in diesen architektonischen Wundern lebt gehört zur Elite
Mit einem Reihenhaus hat der Entwurf nichts gemein
Drum kann der Preis nicht niedrig sein

Bittere Kräutertinkturen in bunten Flaschen vergoren
Große Wirkung wird vom Wunderheiler beschworen
Menschen kommen, Menschen gehen
Wollen die Heilung ihrer Leiden sehen
So viele Mittel wundersam
Woher der Mensch die Zeit nur nahm
Der Heiler reckt die Stirne
Und preist sich wie eine Dirne
Liebe Leute seht wie toll ich bin
Meine Medizin hat Hintersinn
Die gebündelte Kraft der unermesslichen Natur
Findet sich in diesen Tinkturen rein und pur
Nichts an teuflischer Chemie, die uns empört
Die Wirkung dieser Wunderkräuter stört
Nur ohne jede Chemie – unkombiniert und allein
Kann die Heilung wundersam und vollständig sein
Für jede Krankheit habe ich eine spezielle Tüte
Wer sie entsprechend nutzt, gehört zur ewig lebenden Elite
Mit einfachen Hausmitteln hat meine Wundermedizin nichts gemein
Drum kann der Preis nicht niedrig sein

Die höchsten Preise werden emotional erzielt
Für Dinge deren realer Wert keine Rolle spielt
Alltägliche Dinge, so wird von allen erhofft,
sollten billig sein, da wir sie benötigen oft.

# Die Borrelooser

Mir ist schwindelig und auch sehr schwach
Manchmal geben meine Knie nach
Mal hie mal da hab ich auch Schmerzen
Ich glaub ich hab es noch am Herzen

Mein Psychotherapeut sagt ich hätte ein Problem
Ich denke er macht sich's mit der Diagnostik nur bequem
meine Erkrankung ist ganz schlimm bestimmt
ein Tumor, eine Entzündung in meinem Körper glimmt

Sie haben recht, ihre Symptome sind sehr typisch
Für eine Borreliose, die Bakterien sind tückisch
Meist kann man den Erreger nicht nachweisen
Das will aber für die Sicherheit der Diagnose nichts heißen

Klar ist nur ihre Beschwerden sind organisch
Sie sind nicht neurotisch oder gar manisch
Es ist egal ob die Diagnose stimmt
Wichtig ist wie man die Krankheit nimmt

Man muss an diese Diagnose glauben
Dann kann einem nichts mehr die Sinne rauben
Die Besserung schreitet automatisch fort
Meine Praxis wird ihr Dauerbehandlungsort

Willkommen in der Gemeinschaft der Borrelooser
Wir treffen uns im Chatroom der Internetuser
Wir zelebrieren die Antibiose alle sechs Wochen
Im Zeitraum dazwischen sollten Sie salzlos kochen

Lassen Sie sich durch Fachleute nicht irritieren
Die möchten Sie nur zu Ketzerei verführen
Notwendig für einen Therapieerfolg ist Kontinuität
Und unerschütterlicher Glaube an den der Sie berät

Bei anderen Leiden sollten Sie mit dem Behandler sprechen
Er darf auf keinen Fall die Antibiose-Serien unterbrechen
Sollte er dann behaupten sie seien multiresistent
Dann hat er den medizinischen Fortschritt verpennt.

# Verflossen

Einst im Frühling wurde ihm heiß
Als er sie sah
Er bemühte sich mit großem Fleiß
Damit er ihr nah

Sie wünschte sich sein Bemühen
lächelte ihn an
ihm schien sein Herz zu verglühen
fragte sie dann

willst du werden die Mutter unserer Kinder
sie sagte ja
er ging hin zum Blumenbinder
und es geschah

um die Familie zu unterhalten
arbeitet er schwer
zu Hause ließ er sie walten
sah sie kaum mehr

er trachtete nur noch nach Geld
sie nach Tand
machte Geschäfte mit aller Welt
war sehr bekannt

die Glut im Herzen kühlte ab
und dann
nur Dirnen brachten ihn auf Trab
Liebe zerrann

Eines Tages sahen sie sich an
Waren fremd
An alte Zeiten dachten sie dann
Waren am End

# Frohsinn in Oberberg

An einem strahlend schönen Morgen
Über den Bergen blauer Dunst
Frühlingswind verdrängt die Alltagssorgen
Gut gelaunt zu sein ist keine Kunst

Ich fahre hin zu meiner Arbeit
Heute wird alles leichter geh'n
Wenn auch Aktenberge sind bereit
An schönen Tagen ist dies leichter durch zu stehn.

Ich gehe in den Aufzug, grüße frisch
Die Menschen drin, die blicken weg
grüßen nicht, schauen misstrauisch,
verdreh'n den Kopf mit Blick ins Eck.

Der Aufzug von Stock zu Stock weiter fährt
Sie steigen aus als wäre ich Luft
Was allenfalls an Zuwendung wird gewährt
Ist eine Wolke von Schweiß- und Tabakduft

Einer geht durch die Tür und wirft sie zu,
ich pralle deshalb abrupt dagegen.
Er blickt sich böse um und fragt im Nu
Warum konnten Sie sich nicht schneller bewegen.

Vor dem Büro steht ein Anderer wütend schon
Ruft laut: Sie können was erleben
Wo ist die Bescheinigung für meinen Sohn
Ich hatte doch alles gestern abgegeben

So fängt der Tag sehr fröhlich an
Nur nette Menschen habe ich getroffen
An anderen Tagen bin ich schlimmer dran
Heut ging es noch, ich sag es offen

# Familienpolitik

Weniger Geburten, aber länger leben
Mehr nach Selbstverwirklichung streben
Unsere Gesellschaft wird älter
Und für Egomanen immer kälter

Eine Lösung muss her, es wird immer wärmer
Energiesteuern steigern, die Familien werden ärmer
Unsere Gesellschaft wird älter
Aber für Familien immer kälter

Was soll helfen gegen Geburtenrückgang
Frauen zu Hause bleiben oder arbeiten lang
Unsere Gesellschaft wird älter
Und das Klima für Kinder eher kälter

Statt Familien unbürokratisch zu stützen
Lange Diskussionen was soll das nützen
Unsere Gesellschaft wird älter
Für Kinderbetreuung immer kälter

Die Löhne sinken, teurer wird das Leben
Wie dann den Kindern eine Zukunft geben
Unsere Gesellschaft wird älter
Und für Arbeitnehmer immer kälter

Mehr Beitragszahler garantieren die Rente
Wo sind Kinder? bis 70 arbeiten bringt die Wende
Unsere Gesellschaft wird älter
Aber für Rentner immer kälter

Weniger junge Gesunde und mehr kranke Alte
Drum weniger Kassenleistung, damit der Beitrag halte
Unsere Gesellschaft wird älter
Aber für Kranke immer kälter

Nach langen Palaverjahren sind die Politiker alleine da
Grau schau'n sie sich an, die Probleme haben sich gelöst, hurra!
Da sie nun allein sind und sehr viel älter
Wird es auch für Politiker kälter

# Vergängliches

Am Strand haben wir mit Ausdauer eine Sandburg gebaut
Haben in der Phantasie Herrscher und Ritter erschaut
Und wenn uns dann im Traum das Schloss gehört
Kommt ein Rüpel der mit den Füßen alles zerstört

Ein fröhliches Sommerfest wird vorbereitet
Auf bunten Platten das Buffet kunstvoll ausgebreitet
Tische liebvoll geschmückt wie sich das gehört
Dann kommen die Gäste und alles wird zerstört

Lange haben wir gekämpft um die Liebe einer Frau
nach Heirat und Kindern sind wir stolz wie ein Pfau
und wenn einem schließlich die Liebe gehört
bricht ein Fremder ein der alles zerstört

durch unsere Arbeit haben wir uns Respekt erwirkt
uns für Zuverlässigkeit, Fleiß und Mühe verbürgt
und wenn uns schließlich die Zukunft gehört
kommt ein intriganter Neider der alles zerstört

Mit Schulden haben wird ein Haus erworben
Lange abbezahlt mit schwerer Arbeit und Sorgen
und wenn es uns dann schließlich gehört
kommt ein gemeiner Dieb der alles zerstört

wir haben für unsere Kinder Vermögen gespart
in der Hoffnung das Leben wär für sie nicht so hart
und wenn Ihnen dann schließlich alles gehört
kommt der Staat mit der Steuer die alles zerstört

# Winterdepression

Am Schreibtisch vor einem Berg Papier
Meist unerfreulich, erdrückend schier
Das lange Dunkel, der viele Schnee
Im warmen Raum noch kalt am Zeh
Noch kalt im Herz und ohne Schwung
Vom Ärger noch Erschütterung

Mit depressiver Seelenkraft
Man nichts mehr schafft

Und dennoch muss es weitergehen
Nimm dich doch zusammen
Du musst doch deinen Mann hier stehen
Trotz aller Seelenschrammen
Verzweifelt drück die Stimmung hoch
Es geht doch noch.

Ran ans Papier
Du Rattentier

Auch wenn die Lust nicht kommen will
Hilft der Wille, hilft der Drill
Ein bisschen Zähneknirschen
Und etwas Rum mit Kirschen
Es muss doch sein und wenn's geschafft
Die Arbeit wieder Freude macht.

Hallodrio!
Jetzt bin ich wieder froh.

# Selbstverwirklichung

Verwirklichen möcht' ich mich nur
und fahre jetzt in die Kur
erwarte Wellness und Sex
aus ist es mit meinem Ex

dies der Freundin die Gerda erzählte
und beim Türken sich Gyros erwählte
du bist doch schon 40 und wirst langsam alt
aus ist's dann mit Kindern, bist einsam bald

Ich möchte nur leben, mein Geld verprassen
Was soll ich mit Kindern, ich würd sie nur hassen
Hätte verpasst meine Chancen und meine Lust
Ich würde ersticken im Alltagsfrust

Ohne Kinder hast du das Leben verpasst
Im Alter allein, krank und von allen gehasst
Hängst du am schwindenden Rententropf
Selbstverwirklichung ist dann ein alter Zopf

In unseren Kindern leben wir weiter
Sie sind im Alter unsere Begleiter
Ansonsten vergessen, verloren, verblüht
wie eine Sternschnuppe am Himmel verglüht

# Fenstersturz

Die russische Regierung verkauft verschlungen
Raketen und Waffen nach Syrien ins Krisengebiet
Ein Reporter hat lange mit sich gerungen
Aus Furcht dass möglicherweise ihm etwas geschieht

Ihm wurde unter der Hand mit dem Tode gedroht
Wenn er über den Skandal einen Artikel schreibt
Doch dann trotz der großen persönlichen Not
Fasst er den Entschluss, dass er dabei bleibt

Wenn andere Mittel nichts mehr taugen
Und sich die Notwendigkeit ergibt zu handeln hart
Kommt wie der Wolf mit bersteingelben Augen
Der Mann mit rötlichem Haar und Stoppelbart

Ein Reporter kommt vom Einkauf nach Hause
In der Tasche Gemüse und Fleisch für den Wok
Im dritten macht vor seiner Wohnungstür eine Pause
Und fällt dann aus einem Fenster im fünften Stock

Bestimmt ein Selbstmord, teilt die Regierung mit
Von dieser Absicht ablenken sollte der Einkauf
Bestimmt war der Reporter gesundheitlich nicht fit
So nimmt das Schicksal seinen vorbestimmten Lauf

Nachdem mehrere Journalisten sind verstorben schon
Unter sehr seltsam ungewöhnlichen Umständen
Erscheint die Regierungsmitteilung wie ein Hohn
Angesichts des Geheimdiensts beschmutzten Händen

# Ameisen

Eine Ameise fand eine gefüllte Zuckertüte
Sie sich um einen Weg zum Zucker bemühte
Sie biss mit kräftigen Kiefern ins Papier ein Loch
Bei soviel Beute benötigte sie dann Hilfe doch

Sie rannte zurück, markierte die Strecke
Im Bau dort an des Plattenweges Ecke
War die Nachricht schnell verbreitet
Ein Großtransport wurde vorbereitet

Hunderte Ameisen rannten den Weg
Hin zu der Küche über Mauer und Steg
Trugen emsig zum Bau Korn für Korn
Rannten zurück begannen von vorn

Schließlich war der Vorrat weggetragen
Schon in wenigen Stunden nicht nach Tagen
Einzelne suchten noch nach verbliebner Beute
Während das Volk im Bau sich schon freute

In der Küche die Hausfrau entsetzt
Kommt mit einem Besen angehetzt
Verjagt die Letzten der suchenden Ameisen
Von den im Schrank verbliebenen Speisen

Fein
Zucker

# Zu Dick

Hier ein Häppchen, dort eine süße Speise
Gutes Essen verkommen lassen ist nicht weise
Plagt der Hunger, das ist schrecklich
Mager wie ein Model, oh wie eklich

Ich bin nicht dick, habe aber immer gern gegessen
Bei den Kleidergrößen haben sie sich vermessen
Schau doch der Mensch dort, dieser fette
Ich bin immer noch dünner als jener, jede Wette

Ein Zuviel an Gewicht der Gesundheit schadet
Esst Grünzeug, wie euch der Doktor beratet,
treibt fleißig Sport und nehmt dann ab
sonst bringen Blutdruck und Zucker euch früher ins Grab

In Mexiko der dickste Mann auf Erden
Nahm 200 Kilo ab um gesünder zu werden
Doch leider wurde da nichts draus
Mit noch 300 Kilo musste er ins Krankenhaus

Die Diskriminierung Dicker ist nicht nett
Kulturell verschieden ist, was denn sei adrett
In machen Ländern sind nur Arme mager
Dort ist wohl der Hagere der Versager

# Miesepeter

Ich langweile mich alltäglich unendlich
Im Büro immer dieselben Akten
Wenn auch verschiedene Personen erkenntlich
So doch meist mit den gleichen Fakten

Zu Hause ist es nicht verschieden
Meine Frau klagt über die Streiche der Kinder
Kannst du es ihnen nicht verbieten
Es ist immer dasselbe, das merkt doch ein Blinder

Jeden Tag trinke ich das gleiche Bier
Es schmeckt langweilig und sauer
Die Kinder spielen wieder acht mal vier
Der Nachbar erzählt einen Kalauer

Auf allen Kanälen der Television
Exhibiert sich irgendein Langweiler
Die Filme mit diesem roten Spion
Ein tausendfach wiederholter Mehrteiler

jeden morgen dasselbe Wetter
immer Brötchen, Kaffee und Marmelade
ich glaube, ich werde immer fetter
in der Zeitung ständig dasselbe, wie schade

ich hab keine Lust auf eine Feier
das Gequatsche der Leute kotzt mich an
immer und immer dieselbe Leier
über die Kinder, die Nachbarn und dann

nichts macht mir Freude
und alles, ja alles ist dumm
meine Zeit ich hier vergeude
bald bin ich alt und werde krumm

# Ein toller Hecht

Ein orientalisch schöner Mann
Markante Nase, kräftiges Kinn
Schwebt daher wie ein Schwan
Hat nur sich selbst im Sinn

Ein toller Kerl, ihr rauscht der Kopf
Bis in die Wolken verliebt ihr Herz
Nimmt die Gelegenheit beim Schopf
Und heiratet ihn schon im März

Er liebt ihre Liebe zum ihm
Schön, dass sie ihn umschwärmt
Charmant zu erwidern er schien
Die Liebe die Herzen erwärmt

Mein Fehler sagt sie, als er sie schlug
Die Frau ist des Mannes Besitz
Sie weitere Schmach ertrug
Als er Dirnen nachstellte im Kiez

Er gab ihr nur das nötigste Geld
Aber erwartete das beste Mahl
Auf der Straße war er der Held
Zu Hause nur schmähende Qual

Ihre Schönheit ging unter Schlägen verloren
Mit hohlen Wangen diente sie im Haus
Sie hat ihm dann einen Sohn geboren
Und riss schließlich ins Frauenhaus aus

# Fete

Es war ein wunderschönes Fest
Mit Diskussion und lockerem Plaudern
Weinselig Hemmungen vergessen lässt
Wir verbrüdern uns ohne Zaudern

Am Morgen dann, wie schrecklich
Der Kopf erschient wie ein Ballon
Im Mund der Geschmack, ganz eklig
In den Ohren ein zirpender Ton

Was war gestern nur gewesen
Erinnere Tiefgründiges dumpf
Neben dem Bett liegt ein Besen
Auf dem Kissen ein Strumpf

Bin ich denn hier zu Hause
Es riecht nach Wein und Rauch
Mann, war das eine Sause
Betrunken war ich wohl auch

Erinnere nebliges Kosen
Ein kreischender Schmerz im Kopf
Wo sind bloß meine Hosen
In der Hand hab ich einen Knopf

Des Weckers schrilles Piepen
Verdrillt die Zellen im Hirn
Und aus einem sanften Ziepen
Wird ein hämmerndes Pochen der Stirn

Das sind von der Feier die Wehen
Die Erinnerung verklingt im Dunst
Zur Arbeit sollt ich jetzt gehen
Doch Aufstehen ist eine Kunst

Zwei Tabletten und ein starker Kaffee
Dann ich steh wieder auf den Beinen
Auf die Stirn ein Lappen kühl wie Schnee
Es geht wieder, will mir scheinen

# Telefonnonsens

Des Telefons Klingel in die Stille gellt
Nehme ab, hab mich mit Namen vorgestellt.
Eine Stimme: Ei, wer ist denn da?
Klingt im Hörer am Ohr so nah.
Da mir der Klang so völlig unbekannt,
Sie haben sich selbst noch nicht genannt,
Dem Fremden gebe ich zur Antwort.
Er sagt aber nur: wer ist denn dort?
Mit wem spreche ich, wer ist dran?
Ich sage drauf: der Weihnachtsmann.
Es ist doch Ostern, warum denn jetzt?
Hat sich der Osterhase denn verletzt?
Der Weihnachtsmann sich gar verfrüht
Und um des Hasen Last bemüht?
Es ist doch Frühling ohne Schnee.
Wie ging denn das mit Schlitten und dem Reh?
Ach was sie veräppeln mich doch nur.
Ich möchte doch nach Berleburg zur Kur.
Sie von der Kasse möchten nicht bezahlen,
Um dann mit Einsparungen zu prahlen.
Nun sagen sie mir nochmals ihren Namen,
Den ich nicht verstand als sie zum Hörer kamen.
Ach stellen sie sich doch selbst mal vor!
Dann leihe ich ihnen gern mein Ohr.
Ach nein das muss ich doch nicht machen.
Erst will ich wissen, wer bearbeitet meine Sachen?
Ihre Probleme sind schon überwunden:
Sie sind hier nämlich falsch verbunden.
Ach machen sie doch keinen Kummer.
Ich wählte die korrekte Nummer.
Es ist aber schon abends um halb acht.

Keine Kasse so lange Beratung macht.
Wenn ich was will muss offen sein,
Auch wenn es wäre schon halb neun.
Sie haben Pech, das ist der Zeiten Lauf.
Dann lege ich den Hörer auf.

# Vernachlässigt

Der Mond durch trübe Fenster scheint
Im Bettchen klagend ein Junge weint
Vor Hunger, es gab nichts zu essen
Vater und Mutter haben ihn vergessen

Mit dem Wind um Häuser und Gassen
Hat der Vater die Familie verlassen
Die Mutter von Sex und Drogen gelenkt
Hat ihr Herz einem Anderen geschenkt

Der Säugling als Waffe hat nur den Schrei
Im Drogennebel ist dies der Mutter einerlei
Schrei, ergreifend wie der Erynien Reigen
Der Fremde erzwingt schüttelnd Schweigen

Verhungert, verdurstet nach Tagen das Kind
Verwundert Mutter und Liebhaber sind
Sie können es einfach nicht fassen
Die Lebensgeister haben das Kind verlassen

Die Wolke erreicht Jugendamt und Stadt
Fragt warum keiner sich gekümmert hat
Um die Verwahrlosung wusste man wohl
Doch die Aufsichtmaßnahmen waren hohl

# Blau

Die graue Welt durch Nebel betrachtet
Böses und Schlechtes kaum man beachtet
Wenn ich das hässliche Mädchen seh
Jetzt ist es eine wundersam zarte Fee

Die dröhnend stampfende Diskomusik
Wird zur wohlklingenden Klassik Replik
Ich sitze im langsam drehenden Raum
Wo der Ausgang wäre sieht man kaum

Der Raum sich zu verschmelzen scheint
Mit wabernden Leibern dunkel vereint
Stabil sind nur noch Hocker und Tresen
Doch plötzlich ist es auch das gewesen

Zwei Menschen mich nun kräftig stützen
Verloren stürze ich dann in die Pfützen
In Regen und Kälte frierend wird klar
Die zuschlagende Tür, das war die Bar

Das Geld ist weg, die Taschen sind leer
Der Whisky rauschende Kopf ist schwer
Die schwabbelnden Beine tragen ungenau
Ich frage mich, warum nennt man das blau

# Verschieden

Ich sehe eine Tasse Kaffee auf dem Tisch
Du siehst Meissner Porzellan nicht mehr frisch
Er sieht das blaue Zwiebelmuster
Sie durch das Fenster den Liguster

Ich sehe die Biene um Nektar bemüht
Du siehst die Rose, die verblüht
Er sieht den Garten, der verwildert
Sie eine Düngerart uns schildert

Ich sehe Wolken am Horizont aufrücken
Du siehst die frohe Sonne durch die Lücken
Er sieht im Schatten huschen eine Maus
Sie beobachtet Ameisen und Blattlaus

Jeder sieht eine andere Geschichte
Die er nach seinem Geschmack einrichte
So wird alles unterschiedlich erlebt
Die Menschen sind verschieden gewebt

# Tango

Wiegen, Schmusen, das ist schön
Wenn wir wieder tanzen gehen
Robert Christel, Schritt für Schritt,
Nimmt zum Tangotanzen mit

Kleider, Schuhe, eng und hoch
auf dem Kopf ein Hütchen noch
Rhythmus, Geige, Melodie erklingt
melancholisch mit dem Herzen schwingt

Rückwärts, vorwärts, dann ein Zuck
Großer Schritt mit Abschlussruck
Beugen, Wenden, langsam drehn
Mit großem Schritt zur Mitte gehen

Kreiseln, trippeln, Seitenwechsel
Kompliziertes Körperdrechseln
Diener, Knicks, und dann der Schluss
Perfekt im Rhythmus dies sein muss

# Schwesternliebe

Renate und Ursula sind Schwestern
Sie kennen sich nicht erst seit gestern
So wie früher meist zu Zank und Streit
Sind sie heute zu Zusammenhalt bereit

Renate steht auf gesunder Öko-Kost
Wie Hafer, Sellerie und Apfelmost
Fleisch und Fett werden stets gemieden
Jogurt und Quark stellen auch zufrieden

Ursula dagegen steht voll im Leben
Und möchte ihren Kindern alles geben
Hat man versucht fast alles im Alltag
Weiß man besser was man nicht mag

Gut sie ihre Schwächen und Stärken kennen
würden sie gegenüber Fremden nie nennen
Doch auch bei starker Geschwisterliebe
besteht eine Lust auf stichelnde Seitenhiebe

Renate besucht mit Mann und Kindern
Ursula in der Stadt, fern von Öko-Rindern
Zum Essen bereitet die Tante, die Nette
Ein fettes Mahl mit Pommes und Boulette

Winnie und Wonnie blicken mit Schrecken
Von der Mutter zum Vater und dann in die Ecken
Dieser ungesunde Wahn auf dem Tisch mit Bier
Verdreht ihnen Augen und Magen schier

Der Vater schließlich nimmt sich ein Herz
Sagt „guten Appetit“ und macht einen Scherz
Sie stürzen sich auf die Speisen im Nu
Verschlingen Boulette und Pommes dazu

Während Renate, Mann und Söhne achten
Auf feine Sitten und im Stillen lachten
Über die gehemmte Gier der Gäste
Als wären diese Speisen das Allerbeste

Bennie der kleine Sohn von Renaten
Schalk im Nacken, aber wohlgeraten,
Der Geschwisterkinder Mahl so ungesund
Wird erst durch Colatrinken richtig rund

Die beiden Blassen, sonst gesundheitsversessen
Haben alles gerne getrunken und gegessen
Renate aber fährt erleichtert nach Hause
Benötigt von ihrer Schwester eine Pause

Bis dann nach Verdämmern in einigen Wochen
Neugier und Sehnsucht im Herzen pochen
Der Wunsch auf eine Reise in die Stadt vom Land
Gewinnt an Kraft und nimmt überhand

# Zynismus

Niemand wird einen Nachteil haben
Wenn für deutlich weniger Geld
Wir mehr Leistung von den Knochen schaben
Das was übrig bleibt, das zählt

Das ist eine Tradition der Jahrhunderte
In der Monarchie das Auspressen der Armen
Töricht ist wen das Wiederaufkeimen wunderte
Schon in der Frühindustrialisierung gab es kein Erbarmen

Wer nicht kann, so wie wir es wollen
Sollte lieber die Segel streichen
Soll sich doch von dannen trollen
Genau das möchten wir erreichen

Die Gesundheit ist so teuer
Weil es zu viele Ärzte gibt
Anders ist es bei der Steuer
Die ist hoch, weil die Politik uns liebt

Langes Warten auf Termine gibt es nur
Weil Ärzte von Bezahlung abhängig sind
Doch handelten sie nach Hippokrates Schwur
Würden sie arbeiten umsonst geschwind

Die Dankbarkeit der geheilten Kranken
Allein schon stillt Hunger und Durst
Dafür sollten sie ihrem Herrgott danken
Ob sie eine Familie haben ist doch wurst!

Nur was Geld bringt, wird anerkannt
So ist des Systems Devise
Wer sich sträubt, der wird verbrannt
Seine Asche zerstäubt die Brise

In dem bedrängten Krankenbetriebe
Schreit man sich gegenseitig an
Was verweilenden Siechern noch bliebe
Ist der Trank des Druiden dann

Preisgünstig gepresst aus Kräutern
Lässt er sich gewinnträchtig verwalten
Wird die Hysterie der Geldgeilen läutern
Und vermindert die Zahl der Alten

# Neue Kameraden

Unbekannte Räume hält das Leben bereit
Gierig wir erforschen sie in der Jugendzeit
Neue Menschen, Neues Tun
Lässt uns wenig Zeit zu ruhen

Bis dann der Strom des Alltags voll uns erfasst
Familie, Aufgaben, Pflichten, mitreißende Hast
Wir eine Rolle spielen
Weg von allen Zielen

Mit all dem Strömen, Rauschen die Zeit verrinnt
Wo ist die Lebensfreude, verloren ist das Kind
Sie sind gegangen
Zeit und Verlangen

Neue Kameraden haben sich zu uns gesellt
Aus Körperteilen der Hund der Schmerzen bellt
Ganz ungewohnt
Wird jetzt geschont

Vor uns steht das Dunkel der Unendlichkeit des Raums
Wir versuchen zu erinnern des Paradieses Traum
Der Blick auf die Wände
Zeigt uns das Ende

# Dopen

Anruf der Götter vor der Schlacht
In der Hoffnung mit deren Macht
Den schrecklichen Feind zu besiegen
Unserer Ahnen Stärkung in Kriegen

Den Majas schien Anrufen nicht zu genügen
Blutopfer, Coca, Tabak in vollen Zügen
Sollten die Götter noch gewogener stimmen
Um so den Gipfel der Macht zu erklimmen

Nicht immer der Glaube genügte allein
Eine Tarnkappe musste zusätzlich sein
Oder wie Siegfried erhielt seinen Mut
Im Bad mit schützendem Drachenblut

Kräfte durch Trank des Druiden erweitert
In Galliengeschichten uns eher erheitert
Ein Traum aber bleibt ohne eigenen Schaden
Mit Drogen in der Sonne des Sieges zu baden

Muskelaufbau mit Derivaten von Testosteron
Führt zu Impotenz und Leberschaden schon
Blutdoping und Epo das ist der Knall
Ermöglichen Herzinfarkt und Schlaganfall

Doch der Traum vom vergänglichen Ruhm
Vernebelt das Hirn zu verderblichem Tun
Sind die eigenen Kräfte im Sport nicht genug
Sucht man Möglichkeiten zu verstecktem Betrug

Doch wer erinnert noch nach tausend Jahren
Die sportlichen Siege der gedopten Scharen
Oder welche Körper hormongeformt genesen
Im Boden unter unseren Füßen verwesen

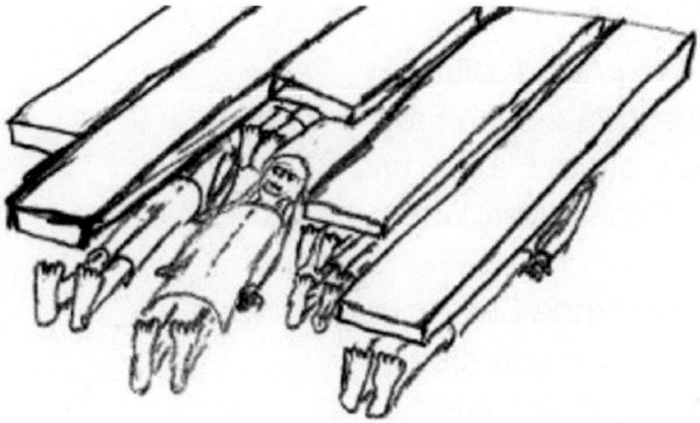

# Vergangen

Auf dem Gipfel er steht
Als eine Gewitterwolke drohend naht
Rasch flüchtet er über den steilen Grat
Des Blickes Weite vergeht

Der Heißluftballon jäh Höhe verliert
Dem Boden entgegen er sinkt
Das wohlige Gefühl verklingt
Wenn Feuer wird nicht mehr geschürt

Im Herbst die Astern blühen
Herein bricht Väterchen Frost mit Macht
Zerstört die bunte Blätter- und Blütenpracht
Im Kamin Scheite verglühen

Eine schimmernde Seifenblase schwebt
Von einer Mücke getroffen
Zerstäubt sie allseits offen
Der Tropfen Feuchtigkeit am Boden klebt

Schein ist jede Macht
Wenn Menschen ihn nicht mehr wollen
Kann der Herrscher um den Sessel tollen
Er stürzt über Nacht

# Jobvermittlung

Es war einmal ein guter Mann
Der keine Arbeit mehr bekam
Die Firma wo er Formen goss
Vor 15 Jahr'n die Tore schloss

Nun gab es sich, man glaubt es nicht
Den Landesfürsten traf der Wicht
Dein Politik hat meinen Job genommen
Ruft er heraus, ist kaum beklommen

Der Landesfürst da ruft ihm zu
Na wasche dich und dann im nu
Werd ich dir viel an Arbeit bieten
Recht gute Jobs und keine Nieten

Der gute Mann nicht glauben wollte
Dass dies dem Fürst gelingen sollte
Er wusch und rasierte sich dann doch
Auch saubere Kleidung nahm er noch

Der Fürst nun fand ihn ganz adrett
Sprach zu ihm, ach das ist sehr nett
Und schau zu dieser Stunde
hab ich für dich die frohe Kunde

Acht Angebote liegen vor
Ergreife eins und sei kein Tor
Der gute Mann war ganz erschrocken
Und macht sich erst mal von den Socken

Er schaute tief in sich hinein
Dort sah er dann der Arbeit Pein
Ich bin zu krank ließ er verbreiten
Muss körperliche Lasten meiden

Zudem muss ich Hartz IV vertreten
Das haben Arbeitslose mich gebeten
So kann ich nicht, ich sag's im Stillen,
Einen Job annehmen, beim besten Willen.

# Auswandern

Das Dorf erscheint mir grau und leer
Mein Leben ist zerbrochen
Ich habe keine Arbeit mehr
Nur Rübstiel, Wasser, Salz zum Kochen

Frau und Kinder sind schon fort vor Not
Ich kann sie nicht mehr nähren
Den Nachbarn bat ich um ein Brot
Er sagt, er könnte nichts entbehren

Die Schulden das Geld zerfressen
Das gnadenvoll vom Sozialamt kommt
Bald hab ich gar nichts mehr zu essen
Die Wohnung ist wie ausgebombt

Der Betreuer auf dem Amt für Arbeit
Mir kaum noch Hoffnung macht
Mit Bewerben, Warten vergeht die Zeit
Verächtlich die Himmelssonne lacht

Wenn ich noch etwas ändern will
Dann muss ich fort von hier
Ein Land im Süden ist mein Ziel
Verkaufe dort Wurst und Bier

Verscherble meinen Restbesitz
Einen Teppich, einen Schrank
Als ich dann im Billigflieger sitz
Fühl ich mich frei und frank

Die Zukunft ist zwar ungewiss
Doch Handeln gibt mir Kraft
Dass ich der Heimat Band zeriss
Mir neue Hoffnung schafft

# Daheim geblieben

Ach ist es heute wieder langweilig
Keine Einladung, kein Kinobesuch
Alle Freunde hatten wieder eilig
Zu Beginn der Ferien gebucht

Die Stadt ist tot, Kneipen und Läden leer
Morgens kein Stau auf dem Weg zur Arbeit
Zuviel Getümmel sonst, fehlt nun sehr
Es entwickelt sich ein Gefühl von Einsamkeit

Zudem ist der Sommer regnerisch und kalt
Man sitzt in der dunklen Stube und heizt
Herbst, Winter fürchtet man kommen bald
Die Stimmung wird allmählich gereizt

Jeden Abend verfolgt man der Wetterbericht
Wann kommen denn wieder schöne Tage
Das Wetter wechselt, aber diese Woche nicht
Trost ist, wir haben keine Mückenplage

# Glaube und Wissen

Der Tage und Nächte Arbeit mit Fleiß
Erbrachten für die Quarks den Beweiß
Dass gleichzeitig an verschiedenen Orten
Sie die Frage der Anwesenheit beantworten

Die einen, weil sie es nicht verstehen
Denken es wäre ein Wunder geschehen
Die anderen mit von Neid geplagtem Herzen
Können fremden Erfolg kaum verschmerzen

So kommt Kritik von verschiedenen Seiten
Zweifel und Missgunst Erkenntnis begleiten
Und wenn gar dadurch der Glaube gestört
In die Hölle, weg, unbequemes Wissen gehört

Unwissend der Bürger kann nicht entscheiden
Die Wertigkeit der Aussagen auf beiden Seiten
Meist er auch Glauben und Wissen nicht trennt
Verschiedenheit von Erkenntnis er nicht kennt

So trinkt er Urin, des Körpers Abfallprodukt
Wundert sich wenn es in den Muskeln zuckt
Weil er zu wissen glaubt es sei für ihn gesund
Tun Negativsymptome positive Wirkung kund

So glaubt er zu wissen was er glaubt
Weis aber nichts der Sinne beraubt
Fühlen und Denken sind dasselbe für ihn
In dieser Gewissheit sind Zweifel dahin

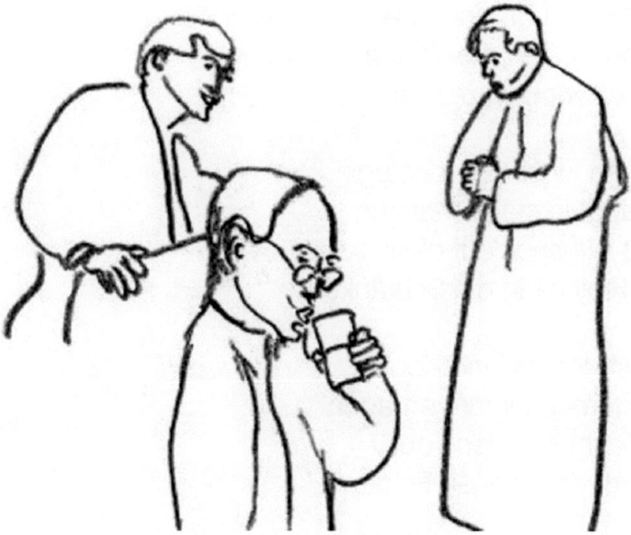

# Ideologie

Ein Flug im freien Raum
Mit Wolken, Luft und Wind
Gebunden steht der Baum
Nur Harz vom Holze rinnt

Der träge Fluss der Ideologie
Gezwängt in starre Planken
Zwingt Weisheit auf die Knie
Weist Freiheit in die Schranken

Der fest gebundene Kopf
kann Fremdes kaum ertragen
Wirft Bosheit in den Topf
Verkocht die offenen Fragen

Der Lebensfluss, der bunte Klang
Der Geist in gutem Wein
Wie Mörtel weich und fügsam
Erstarrt zu festem Stein

Wenn das Leben steht
Und Nichts mehr strömt
Amuns Odem vergeht
Zu Tode gelähmt

# Im Fluss

Wenn etwas funktioniert
Ist's zu bequem
Änderung wäre angenehm

Also ist es Zeit zu reformieren
Solange bis es nicht mehr geht
Und Verbesserung erneut ansteht

Das ist Gelegenheit zu profilieren
Denn dann kann man nur verbessern
keiner kann den Ruhm verwässern

Die ersten Ziele sind zu peilen
Gesundheit muss zum Chaos werden
Die Renten nieder, auf die Erden

Damit ihr nicht zu lustig werdet
Kontrollen bald im ganzen Land
Der Politik nun völlig freie Hand

Duckt euch weg, bewegt euch nicht
Das ist die Freiheit für die Händler
Zum Eigennutz der Lebenswandler

Habt ihr Geschichte nicht verstanden
Der Mehrwert ist jetzt wieder dort
Wo er ging vor 100 Jahren fort

Das nennt man dialektisch Wandlung
Erst kam zum Volke das Vermögen
Jetzt liegt es unter Brückenbögen

# Im Straßenverkehr

Wenn dir am Steuer mit Ungeduld
Etwas passiert sind Andere schuld
Vor dir zu langsam welch ein Drama
Fährt wieder mal ein dröges Lama

Gib deinen Führerschein doch ab
Wenn du nicht fahren kannst, du Opa
Da fährt ne Frau, kommt nicht auf Trapp
Die Welt ist groß, fahr sonst wo in Europa

Links fährt ständig diese Kaffeemühle
Auf der Autobahn in Sommerschwüle
Die rechte Spur ist über Strecken frei
Hau ab, sonst fahr ich dich zu Brei

Doch dieser Hornochs will nicht fliehen
Ganz offensichtlich will er dich erziehen
Und fährst du weit, dann wieder dicht
All das berührt den Stoiker nicht

Plötzlich biegt er ab, ganz ohne Blinken
Lässt ein Stoppschild aus dem Fenster winken
Oh Gott denkst du, es ist vorbei
Der Hornochs war die Polizei

HALT
POLIZEI

# Brockenhexe

Rasch die Wolken
Aufeinander folgen
Auf dem Turm
Im Sturm
Wie im Wahn
Dreht der Hahn
Beugt sich der Baum
In unruhigem Traum
In der Luft treibt Staub
Aufgewirbelt Laub
Kreiselt hinan
Aufwärts den Hang
Prickelt im Gesicht
Nimmt die Sicht
Der Atem erschwert
Das Gehen verwehrt
Mit Rauschen und Pfeifen
Die Ziegel ergreifen
Es brechen die Äste
Im wilden Feste
Die Hexen auf den Besen
Vom Brocken sind's gewesen

# Cybersex

Fahl und hager hängt der Frieder
Heute am Computer wieder
Hackt mit wunden Fingern Tasten
Um durchs weite Netz zu hasten

Blogt mal hier und blogt mal da
Wo er Themen von Interesse sah
Da keiner kennt dich, Worte seicht
Rinnen aus dem Herzen leicht

Um aufzuklären deine Fragen
Schau mal nach in ein, zwei Tagen
Eh, geh mal auf ne andere Seite
Steht was zum Thema in voller Breite

Mit Surfen im Netz vergehen Stunden
Zur ersten Frage noch nichts gefunden
Doch tausend neue Themen tun sich auf
Von Seite, zu Seite wie ein Stafettenlauf

Hallo, Hallo schreibt ein jeder
Die Bloggersau zieht nun vom Leder
Ey, du Kerl am anderen Ende
Zieh die Hosen von der Lende

Hörst du nicht wie ich schon stöhne
Heimlich deiner Geilheit höhne
Nimm dein Phon und rufe an
Deine sexy Maus ist dran

Da ein nackt gestrichelt Mädel
Tänzelt übern Schirm, wie edel
Blinkt ein Band, rufe an, rufe an
Doch nur 3,60 pro Minute, Mann!

Frieder der Realsex liebt
Nichts auf Telefonsex gibt
Findet eine Flohmarktseite
Geht nicht, denn er ist schon pleite

Erwacht mit Nase in Tastenplastik
Blickt nun auf seine Uhr ganz hastig
Es ist schon sechs am frühen Morgen
Um sieben sollt er seinen Job besorgen

Die Müdigkeit noch in den Gliedern steckt
Das Computerrauschen hat ihn sanft geweckt
Ach warum ist denn nötig diese Tagesqual
Ohne Internetsurfen erscheint ihm alles schal

# Leeres Blatt Papier

Vor mir liegt ein leeres Blatt Papier
Gedankenlos im Dunkel des Raums
Noch vor wenigen Minuten schier
Überflossen die Bilder eines Traums

Das volle Rauschen des Windes
Ohne Ordnung, Bedeutung, Sinn
Gefesselt wie im Blumengebinde
Ist der Strom der Gedanken hin

Nichts will dem Geiste entrinnen
Was zuvor schien von weiter Tiefe
Fäden im Wind von tausend Spinnen
Es ist als ob die gesamte Welt schliefe

Doch dann öffnet sich ein kleines Tor
Ein Lichtspalt mitten wabernder Wolken
Splitternde Worte tröpfeln hervor
Denen Sätze, Bilder, Klänge folgen

Scheinbare Ordnung des Gedankengewirrs
Für andere Ohren verfremdete Klänge
Wie Klingeln, Läuten des Schlittengeschirrs
Ein Konzert der Silben nicht für die Menge

# Abschied

So wie die Blume verblüht
und Herbstwind die Blätter verweht
die Sonne am Horizont verglüht
die nächtliche Liebe vergeht

im Rausch an der Bar die Schöne
der Kopf vernebelt vom Drang
in den Ohren Kuschelrock Töne
ein Kuss auf dem dunklen Gang

eine Sonate der Gefühlsmomente
verklingt mit dem Paukenschlag
doch schal erscheint am Ende
das Befremden am folgenden Tag

ein flüchtiger, hastiger Abschied
von einer ungewollten Nacht
der Vogel der Glücksfee entflieht
der Troll der Erdgeister lacht.

# ... über den Autor

... na ja, so ähnlich

# Der Autor und Illustrator

Walter-Uwe Weitbrecht, Priv. Doz. Dr. .med., geboren in Stuttgart.

Nach Schule, Studium und Fachausbildung seit 1985 als Neurologe in Gummersbach tätig. Lebt daher als Beobachter des Menschlichen seither im Oberbergischen. Multiple Artikel in Fachzeitschriften, Fachbüchern und mehrere Lyrik-Veröffentlichungen (z.B. Almanach deutscher Schriftstellerärzte 2008, 2009 L.Wittich Verlag, Sternschnuppen der Poesie 2008 H.Wenig Verlag)

„Blüte der Blasen" ist das Erstlingswerk im edition Wort Verlag.